SITE INTERNET	
NOM D'UTILISATEUR	
MOT DE PASSE	
NOTES	

SITE INTERNET	
NOM D'UTILISATEUR	
MOT DE PASSE	
NOTES	

SITE INTERNET	
NOM D'UTILISATEUR	
MOT DE PASSE	
NOTES	

SITE INTERNET	
NOM D'UTILISATEUR	
MOT DE PASSE	
NOTES	

SITE INTERNET	
NOM D'UTILISATEUR	
MOT DE PASSE	
NOTES	

SITE INTERNET	
NOM D'UTILISATEUR	
MOT DE PASSE	
NOTES	

SITE INTERNET	
NOM D'UTILISATEUR	
MOT DE PASSE	
NOTES	

SITE INTERNET	
NOM D'UTILISATEUR	
MOT DE PASSE	
NOTES	

SITE INTERNET	
NOM D'UTILISATEUR	
MOT DE PASSE	
NOTES	

SITE INTERNET	
NOM D'UTILISATEUR	
MOT DE PASSE	
NOTES	

SITE INTERNET	
NOM D'UTILISATEUR	
MOT DE PASSE	
NOTES	

SITE INTERNET	
NOM D'UTILISATEUR	
MOT DE PASSE	
NOTES	

SITE INTERNET	
NOM D'UTILISATEUR	
MOT DE PASSE	
NOTES	

SITE INTERNET	
NOM D'UTILISATEUR	
MOT DE PASSE	
NOTES	

SITE INTERNET	
NOM D'UTILISATEUR	
MOT DE PASSE	
NOTES	

SITE INTERNET	
NOM D'UTILISATEUR	
MOT DE PASSE	
NOTES	

SITE INTERNET	
NOM D'UTILISATEUR	
MOT DE PASSE	
NOTES	

SITE INTERNET	
NOM D'UTILISATEUR	
MOT DE PASSE	
NOTES	

SITE INTERNET	
NOM D'UTILISATEUR	
MOT DE PASSE	
NOTES	

SITE INTERNET	
NOM D'UTILISATEUR	
MOT DE PASSE	
NOTES	

SITE INTERNET	
NOM D'UTILISATEUR	
MOT DE PASSE	
NOTES	

SITE INTERNET	
NOM D'UTILISATEUR	
MOT DE PASSE	
NOTES	

SITE INTERNET	
NOM D'UTILISATEUR	
MOT DE PASSE	
NOTES	

SITE INTERNET	
NOM D'UTILISATEUR	
MOT DE PASSE	
NOTES	

SITE INTERNET	
NOM D'UTILISATEUR	
MOT DE PASSE	
NOTES	

SITE INTERNET	
NOM D'UTILISATEUR	
MOT DE PASSE	
NOTES	

SITE INTERNET	
NOM D'UTILISATEUR	
MOT DE PASSE	
NOTES	

SITE INTERNET	
NOM D'UTILISATEUR	
MOT DE PASSE	
NOTES	

SITE INTERNET	
NOM D'UTILISATEUR	
MOT DE PASSE	
NOTES	

SITE INTERNET	
NOM D'UTILISATEUR	
MOT DE PASSE	
NOTES	

SITE INTERNET	
NOM D'UTILISATEUR	
MOT DE PASSE	
NOTES	

SITE INTERNET	
NOM D'UTILISATEUR	
MOT DE PASSE	
NOTES	

SITE INTERNET	
NOM D'UTILISATEUR	
MOT DE PASSE	
NOTES	

SITE INTERNET	
NOM D'UTILISATEUR	
MOT DE PASSE	
NOTES	

SITE INTERNET	
NOM D'UTILISATEUR	
MOT DE PASSE	
NOTES	

SITE INTERNET	
NOM D'UTILISATEUR	
MOT DE PASSE	
NOTES	

SITE INTERNET	
NOM D'UTILISATEUR	
MOT DE PASSE	
NOTES	

SITE INTERNET	
NOM D'UTILISATEUR	
MOT DE PASSE	
NOTES	

SITE INTERNET	
NOM D'UTILISATEUR	
MOT DE PASSE	
NOTES	

SITE INTERNET	
NOM D'UTILISATEUR	
MOT DE PASSE	
NOTES	

SITE INTERNET	
NOM D'UTILISATEUR	
MOT DE PASSE	
NOTES	

SITE INTERNET	
NOM D'UTILISATEUR	
MOT DE PASSE	
NOTES	

SITE INTERNET	
NOM D'UTILISATEUR	
MOT DE PASSE	
NOTES	

SITE INTERNET	
NOM D'UTILISATEUR	
MOT DE PASSE	
NOTES	

SITE INTERNET	
NOM D'UTILISATEUR	
MOT DE PASSE	
NOTES	

SITE INTERNET	
NOM D'UTILISATEUR	
MOT DE PASSE	
NOTES	

SITE INTERNET	
NOM D'UTILISATEUR	
MOT DE PASSE	
NOTES	

SITE INTERNET	
NOM D'UTILISATEUR	
MOT DE PASSE	
NOTES	

SITE INTERNET	
NOM D'UTILISATEUR	
MOT DE PASSE	
NOTES	

SITE INTERNET	
NOM D'UTILISATEUR	
MOT DE PASSE	
NOTES	

SITE INTERNET	
NOM D'UTILISATEUR	
MOT DE PASSE	
NOTES	

SITE INTERNET	
NOM D'UTILISATEUR	
MOT DE PASSE	
NOTES	

SITE INTERNET	
NOM D'UTILISATEUR	
MOT DE PASSE	
NOTES	

SITE INTERNET	
NOM D'UTILISATEUR	
MOT DE PASSE	
NOTES	

SITE INTERNET	
NOM D'UTILISATEUR	
MOT DE PASSE	
NOTES	

SITE INTERNET	
NOM D'UTILISATEUR	
MOT DE PASSE	
NOTES	

SITE INTERNET	
NOM D'UTILISATEUR	
MOT DE PASSE	
NOTES	

SITE INTERNET	
NOM D'UTILISATEUR	
MOT DE PASSE	
NOTES	

SITE INTERNET	
NOM D'UTILISATEUR	
MOT DE PASSE	
NOTES	

SITE INTERNET	
NOM D'UTILISATEUR	
MOT DE PASSE	
NOTES	

SITE INTERNET	
NOM D'UTILISATEUR	
MOT DE PASSE	
NOTES	

SITE INTERNET	
NOM D'UTILISATEUR	
MOT DE PASSE	
NOTES	

SITE INTERNET	
NOM D'UTILISATEUR	
MOT DE PASSE	
NOTES	

SITE INTERNET	
NOM D'UTILISATEUR	
MOT DE PASSE	
NOTES	

SITE INTERNET	
NOM D'UTILISATEUR	
MOT DE PASSE	
NOTES	

SITE INTERNET	
NOM D'UTILISATEUR	
MOT DE PASSE	
NOTES	

SITE INTERNET	
NOM D'UTILISATEUR	
MOT DE PASSE	
NOTES	

SITE INTERNET	
NOM D'UTILISATEUR	
MOT DE PASSE	
NOTES	

SITE INTERNET	
NOM D'UTILISATEUR	
MOT DE PASSE	
NOTES	

SITE INTERNET	
NOM D'UTILISATEUR	
MOT DE PASSE	
NOTES	

SITE INTERNET	
NOM D'UTILISATEUR	
MOT DE PASSE	
NOTES	

SITE INTERNET	
NOM D'UTILISATEUR	
MOT DE PASSE	
NOTES	

SITE INTERNET	
NOM D'UTILISATEUR	
MOT DE PASSE	
NOTES	

SITE INTERNET	
NOM D'UTILISATEUR	
MOT DE PASSE	
NOTES	

SITE INTERNET	
NOM D'UTILISATEUR	
MOT DE PASSE	
NOTES	

SITE INTERNET	
NOM D'UTILISATEUR	
MOT DE PASSE	
NOTES	

SITE INTERNET	
NOM D'UTILISATEUR	
MOT DE PASSE	
NOTES	

SITE INTERNET	
NOM D'UTILISATEUR	
MOT DE PASSE	
NOTES	

SITE INTERNET	
NOM D'UTILISATEUR	
MOT DE PASSE	
NOTES	

SITE INTERNET	
NOM D'UTILISATEUR	
MOT DE PASSE	
NOTES	

SITE INTERNET	
NOM D'UTILISATEUR	
MOT DE PASSE	
NOTES	

SITE INTERNET	
NOM D'UTILISATEUR	
MOT DE PASSE	
NOTES	

SITE INTERNET	
NOM D'UTILISATEUR	
MOT DE PASSE	
NOTES	

SITE INTERNET	
NOM D'UTILISATEUR	
MOT DE PASSE	
NOTES	

SITE INTERNET	
NOM D'UTILISATEUR	
MOT DE PASSE	
NOTES	

SITE INTERNET	
NOM D'UTILISATEUR	
MOT DE PASSE	
NOTES	

SITE INTERNET	
NOM D'UTILISATEUR	
MOT DE PASSE	
NOTES	

SITE INTERNET	
NOM D'UTILISATEUR	
MOT DE PASSE	
NOTES	

SITE INTERNET	
NOM D'UTILISATEUR	
MOT DE PASSE	
NOTES	

SITE INTERNET	
NOM D'UTILISATEUR	
MOT DE PASSE	
NOTES	

SITE INTERNET	
NOM D'UTILISATEUR	
MOT DE PASSE	
NOTES	

SITE INTERNET	
NOM D'UTILISATEUR	
MOT DE PASSE	
NOTES	

SITE INTERNET	
NOM D'UTILISATEUR	
MOT DE PASSE	
NOTES	

SITE INTERNET	
NOM D'UTILISATEUR	
MOT DE PASSE	
NOTES	

SITE INTERNET	
NOM D'UTILISATEUR	
MOT DE PASSE	
NOTES	

SITE INTERNET	
NOM D'UTILISATEUR	
MOT DE PASSE	
NOTES	

SITE INTERNET	
NOM D'UTILISATEUR	
MOT DE PASSE	
NOTES	

SITE INTERNET	
NOM D'UTILISATEUR	
MOT DE PASSE	
NOTES	

SITE INTERNET	
NOM D'UTILISATEUR	
MOT DE PASSE	
NOTES	

SITE INTERNET	
NOM D'UTILISATEUR	
MOT DE PASSE	
NOTES	

SITE INTERNET	
NOM D'UTILISATEUR	
MOT DE PASSE	
NOTES	

SITE INTERNET	
NOM D'UTILISATEUR	
MOT DE PASSE	
NOTES	

SITE INTERNET	
NOM D'UTILISATEUR	
MOT DE PASSE	
NOTES	

SITE INTERNET	
NOM D'UTILISATEUR	
MOT DE PASSE	
NOTES	

SITE INTERNET	
NOM D'UTILISATEUR	
MOT DE PASSE	
NOTES	

SITE INTERNET	
NOM D'UTILISATEUR	
MOT DE PASSE	
NOTES	

SITE INTERNET	
NOM D'UTILISATEUR	
MOT DE PASSE	
NOTES	

SITE INTERNET	
NOM D'UTILISATEUR	
MOT DE PASSE	
NOTES	

SITE INTERNET	
NOM D'UTILISATEUR	
MOT DE PASSE	
NOTES	

SITE INTERNET	
NOM D'UTILISATEUR	
MOT DE PASSE	
NOTES	

SITE INTERNET	
NOM D'UTILISATEUR	
MOT DE PASSE	
NOTES	

SITE INTERNET	
NOM D'UTILISATEUR	
MOT DE PASSE	
NOTES	

SITE INTERNET	
NOM D'UTILISATEUR	
MOT DE PASSE	
NOTES	

SITE INTERNET	
NOM D'UTILISATEUR	
MOT DE PASSE	
NOTES	

SITE INTERNET	
NOM D'UTILISATEUR	
MOT DE PASSE	
NOTES	

SITE INTERNET	
NOM D'UTILISATEUR	
MOT DE PASSE	
NOTES	

SITE INTERNET	
NOM D'UTILISATEUR	
MOT DE PASSE	
NOTES	

SITE INTERNET	
NOM D'UTILISATEUR	
MOT DE PASSE	
NOTES	

SITE INTERNET	
NOM D'UTILISATEUR	
MOT DE PASSE	
NOTES	

SITE INTERNET	
NOM D'UTILISATEUR	
MOT DE PASSE	
NOTES	

SITE INTERNET	
NOM D'UTILISATEUR	
MOT DE PASSE	
NOTES	

SITE INTERNET	
NOM D'UTILISATEUR	
MOT DE PASSE	
NOTES	

SITE INTERNET	
NOM D'UTILISATEUR	
MOT DE PASSE	
NOTES	

SITE INTERNET	
NOM D'UTILISATEUR	
MOT DE PASSE	
NOTES	

SITE INTERNET	
NOM D'UTILISATEUR	
MOT DE PASSE	
NOTES	

SITE INTERNET	
NOM D'UTILISATEUR	
MOT DE PASSE	
NOTES	

SITE INTERNET	
NOM D'UTILISATEUR	
MOT DE PASSE	
NOTES	

SITE INTERNET	
NOM D'UTILISATEUR	
MOT DE PASSE	
NOTES	

SITE INTERNET	
NOM D'UTILISATEUR	
MOT DE PASSE	
NOTES	

SITE INTERNET	
NOM D'UTILISATEUR	
MOT DE PASSE	
NOTES	

SITE INTERNET	
NOM D'UTILISATEUR	
MOT DE PASSE	
NOTES	

SITE INTERNET	
NOM D'UTILISATEUR	
MOT DE PASSE	
NOTES	

SITE INTERNET	
NOM D'UTILISATEUR	
MOT DE PASSE	
NOTES	

SITE INTERNET	
NOM D'UTILISATEUR	
MOT DE PASSE	
NOTES	

SITE INTERNET	
NOM D'UTILISATEUR	
MOT DE PASSE	
NOTES	

SITE INTERNET	
NOM D'UTILISATEUR	
MOT DE PASSE	
NOTES	

SITE INTERNET	
NOM D'UTILISATEUR	
MOT DE PASSE	
NOTES	

SITE INTERNET	
NOM D'UTILISATEUR	
MOT DE PASSE	
NOTES	

SITE INTERNET	
NOM D'UTILISATEUR	
MOT DE PASSE	
NOTES	

SITE INTERNET	
NOM D'UTILISATEUR	
MOT DE PASSE	
NOTES	

SITE INTERNET	
NOM D'UTILISATEUR	
MOT DE PASSE	
NOTES	

SITE INTERNET	
NOM D'UTILISATEUR	
MOT DE PASSE	
NOTES	

SITE INTERNET	
NOM D'UTILISATEUR	
MOT DE PASSE	
NOTES	

SITE INTERNET	
NOM D'UTILISATEUR	
MOT DE PASSE	
NOTES	

SITE INTERNET	
NOM D'UTILISATEUR	
MOT DE PASSE	
NOTES	

SITE INTERNET	
NOM D'UTILISATEUR	
MOT DE PASSE	
NOTES	

SITE INTERNET	
NOM D'UTILISATEUR	
MOT DE PASSE	
NOTES	

SITE INTERNET	
NOM D'UTILISATEUR	
MOT DE PASSE	
NOTES	

SITE INTERNET	
NOM D'UTILISATEUR	
MOT DE PASSE	
NOTES	

SITE INTERNET	
NOM D'UTILISATEUR	
MOT DE PASSE	
NOTES	

SITE INTERNET	
NOM D'UTILISATEUR	
MOT DE PASSE	
NOTES	

SITE INTERNET	
NOM D'UTILISATEUR	
MOT DE PASSE	
NOTES	

SITE INTERNET	
NOM D'UTILISATEUR	
MOT DE PASSE	
NOTES	

SITE INTERNET	
NOM D'UTILISATEUR	
MOT DE PASSE	
NOTES	

SITE INTERNET	
NOM D'UTILISATEUR	
MOT DE PASSE	
NOTES	

SITE INTERNET	
NOM D'UTILISATEUR	
MOT DE PASSE	
NOTES	

SITE INTERNET	
NOM D'UTILISATEUR	
MOT DE PASSE	
NOTES	

SITE INTERNET	
NOM D'UTILISATEUR	
MOT DE PASSE	
NOTES	

SITE INTERNET	
NOM D'UTILISATEUR	
MOT DE PASSE	
NOTES	

SITE INTERNET	
NOM D'UTILISATEUR	
MOT DE PASSE	
NOTES	

SITE INTERNET	
NOM D'UTILISATEUR	
MOT DE PASSE	
NOTES	

SITE INTERNET	
NOM D'UTILISATEUR	
MOT DE PASSE	
NOTES	

SITE INTERNET	
NOM D'UTILISATEUR	
MOT DE PASSE	
NOTES	

SITE INTERNET	
NOM D'UTILISATEUR	
MOT DE PASSE	
NOTES	

SITE INTERNET	
NOM D'UTILISATEUR	
MOT DE PASSE	
NOTES	

SITE INTERNET	
NOM D'UTILISATEUR	
MOT DE PASSE	
NOTES	

SITE INTERNET	
NOM D'UTILISATEUR	
MOT DE PASSE	
NOTES	

SITE INTERNET	
NOM D'UTILISATEUR	
MOT DE PASSE	
NOTES	

SITE INTERNET	
NOM D'UTILISATEUR	
MOT DE PASSE	
NOTES	

SITE INTERNET	
NOM D'UTILISATEUR	
MOT DE PASSE	
NOTES	

SITE INTERNET	
NOM D'UTILISATEUR	
MOT DE PASSE	
NOTES	

SITE INTERNET	
NOM D'UTILISATEUR	
MOT DE PASSE	
NOTES	

SITE INTERNET	
NOM D'UTILISATEUR	
MOT DE PASSE	
NOTES	

SITE INTERNET	
NOM D'UTILISATEUR	
MOT DE PASSE	
NOTES	

SITE INTERNET	
NOM D'UTILISATEUR	
MOT DE PASSE	
NOTES	

SITE INTERNET	
NOM D'UTILISATEUR	
MOT DE PASSE	
NOTES	

SITE INTERNET	
NOM D'UTILISATEUR	
MOT DE PASSE	
NOTES	

SITE INTERNET	
NOM D'UTILISATEUR	
MOT DE PASSE	
NOTES	

SITE INTERNET	
NOM D'UTILISATEUR	
MOT DE PASSE	
NOTES	

SITE INTERNET	
NOM D'UTILISATEUR	
MOT DE PASSE	
NOTES	

SITE INTERNET	
NOM D'UTILISATEUR	
MOT DE PASSE	
NOTES	

SITE INTERNET	
NOM D'UTILISATEUR	
MOT DE PASSE	
NOTES	

SITE INTERNET	
NOM D'UTILISATEUR	
MOT DE PASSE	
NOTES	

SITE INTERNET	
NOM D'UTILISATEUR	
MOT DE PASSE	
NOTES	

SITE INTERNET	
NOM D'UTILISATEUR	
MOT DE PASSE	
NOTES	

SITE INTERNET	
NOM D'UTILISATEUR	
MOT DE PASSE	
NOTES	

SITE INTERNET	
NOM D'UTILISATEUR	
MOT DE PASSE	
NOTES	

SITE INTERNET	
NOM D'UTILISATEUR	
MOT DE PASSE	
NOTES	

SITE INTERNET	
NOM D'UTILISATEUR	
MOT DE PASSE	
NOTES	

SITE INTERNET	
NOM D'UTILISATEUR	
MOT DE PASSE	
NOTES	

SITE INTERNET	
NOM D'UTILISATEUR	
MOT DE PASSE	
NOTES	

SITE INTERNET	
NOM D'UTILISATEUR	
MOT DE PASSE	
NOTES	

SITE INTERNET	
NOM D'UTILISATEUR	
MOT DE PASSE	
NOTES	

SITE INTERNET	
NOM D'UTILISATEUR	
MOT DE PASSE	
NOTES	

SITE INTERNET	
NOM D'UTILISATEUR	
MOT DE PASSE	
NOTES	

SITE INTERNET	
NOM D'UTILISATEUR	
MOT DE PASSE	
NOTES	

SITE INTERNET	
NOM D'UTILISATEUR	
MOT DE PASSE	
NOTES	

SITE INTERNET	
NOM D'UTILISATEUR	
MOT DE PASSE	
NOTES	

SITE INTERNET	
NOM D'UTILISATEUR	
MOT DE PASSE	
NOTES	

SITE INTERNET	
NOM D'UTILISATEUR	
MOT DE PASSE	
NOTES	

SITE INTERNET	
NOM D'UTILISATEUR	
MOT DE PASSE	
NOTES	

SITE INTERNET	
NOM D'UTILISATEUR	
MOT DE PASSE	
NOTES	

SITE INTERNET	
NOM D'UTILISATEUR	
MOT DE PASSE	
NOTES	

SITE INTERNET	
NOM D'UTILISATEUR	
MOT DE PASSE	
NOTES	

SITE INTERNET	
NOM D'UTILISATEUR	
MOT DE PASSE	
NOTES	

SITE INTERNET	
NOM D'UTILISATEUR	
MOT DE PASSE	
NOTES	

SITE INTERNET	
NOM D'UTILISATEUR	
MOT DE PASSE	
NOTES	

SITE INTERNET	
NOM D'UTILISATEUR	
MOT DE PASSE	
NOTES	

SITE INTERNET	
NOM D'UTILISATEUR	
MOT DE PASSE	
NOTES	

SITE INTERNET	
NOM D'UTILISATEUR	
MOT DE PASSE	
NOTES	

SITE INTERNET	
NOM D'UTILISATEUR	
MOT DE PASSE	
NOTES	

SITE INTERNET	
NOM D'UTILISATEUR	
MOT DE PASSE	
NOTES	

SITE INTERNET	
NOM D'UTILISATEUR	
MOT DE PASSE	
NOTES	

SITE INTERNET	
NOM D'UTILISATEUR	
MOT DE PASSE	
NOTES	

SITE INTERNET	
NOM D'UTILISATEUR	
MOT DE PASSE	
NOTES	

SITE INTERNET	
NOM D'UTILISATEUR	
MOT DE PASSE	
NOTES	

SITE INTERNET	
NOM D'UTILISATEUR	
MOT DE PASSE	
NOTES	

SITE INTERNET	
NOM D'UTILISATEUR	
MOT DE PASSE	
NOTES	

SITE INTERNET	
NOM D'UTILISATEUR	
MOT DE PASSE	
NOTES	

SITE INTERNET	
NOM D'UTILISATEUR	
MOT DE PASSE	
NOTES	

SITE INTERNET	
NOM D'UTILISATEUR	
MOT DE PASSE	
NOTES	

SITE INTERNET	
NOM D'UTILISATEUR	
MOT DE PASSE	
NOTES	

SITE INTERNET	
NOM D'UTILISATEUR	
MOT DE PASSE	
NOTES	

SITE INTERNET	
NOM D'UTILISATEUR	
MOT DE PASSE	
NOTES	

SITE INTERNET	
NOM D'UTILISATEUR	
MOT DE PASSE	
NOTES	

SITE INTERNET	
NOM D'UTILISATEUR	
MOT DE PASSE	
NOTES	

SITE INTERNET	
NOM D'UTILISATEUR	
MOT DE PASSE	
NOTES	

SITE INTERNET	
NOM D'UTILISATEUR	
MOT DE PASSE	
NOTES	

SITE INTERNET	
NOM D'UTILISATEUR	
MOT DE PASSE	
NOTES	

SITE INTERNET	
NOM D'UTILISATEUR	
MOT DE PASSE	
NOTES	

SITE INTERNET	
NOM D'UTILISATEUR	
MOT DE PASSE	
NOTES	

SITE INTERNET	
NOM D'UTILISATEUR	
MOT DE PASSE	
NOTES	

SITE INTERNET	
NOM D'UTILISATEUR	
MOT DE PASSE	
NOTES	

SITE INTERNET	
NOM D'UTILISATEUR	
MOT DE PASSE	
NOTES	

SITE INTERNET	
NOM D'UTILISATEUR	
MOT DE PASSE	
NOTES	

SITE INTERNET	
NOM D'UTILISATEUR	
MOT DE PASSE	
NOTES	

SITE INTERNET	
NOM D'UTILISATEUR	
MOT DE PASSE	
NOTES	

SITE INTERNET	
NOM D'UTILISATEUR	
MOT DE PASSE	
NOTES	

SITE INTERNET	
NOM D'UTILISATEUR	
MOT DE PASSE	
NOTES	

SITE INTERNET	
NOM D'UTILISATEUR	
MOT DE PASSE	
NOTES	

SITE INTERNET	
NOM D'UTILISATEUR	
MOT DE PASSE	
NOTES	

SITE INTERNET	
NOM D'UTILISATEUR	
MOT DE PASSE	
NOTES	

SITE INTERNET	
NOM D'UTILISATEUR	
MOT DE PASSE	
NOTES	

SITE INTERNET	
NOM D'UTILISATEUR	
MOT DE PASSE	
NOTES	

SITE INTERNET	
NOM D'UTILISATEUR	
MOT DE PASSE	
NOTES	

SITE INTERNET	
NOM D'UTILISATEUR	
MOT DE PASSE	
NOTES	

SITE INTERNET	
NOM D'UTILISATEUR	
MOT DE PASSE	
NOTES	

SITE INTERNET	
NOM D'UTILISATEUR	
MOT DE PASSE	
NOTES	

SITE INTERNET	
NOM D'UTILISATEUR	
MOT DE PASSE	
NOTES	

SITE INTERNET	
NOM D'UTILISATEUR	
MOT DE PASSE	
NOTES	

SITE INTERNET	
NOM D'UTILISATEUR	
MOT DE PASSE	
NOTES	

SITE INTERNET	
NOM D'UTILISATEUR	
MOT DE PASSE	
NOTES	

SITE INTERNET	
NOM D'UTILISATEUR	
MOT DE PASSE	
NOTES	

SITE INTERNET	
NOM D'UTILISATEUR	
MOT DE PASSE	
NOTES	

SITE INTERNET	
NOM D'UTILISATEUR	
MOT DE PASSE	
NOTES	

SITE INTERNET	
NOM D'UTILISATEUR	
MOT DE PASSE	
NOTES	

SITE INTERNET	
NOM D'UTILISATEUR	
MOT DE PASSE	
NOTES	

SITE INTERNET	
NOM D'UTILISATEUR	
MOT DE PASSE	
NOTES	

SITE INTERNET	
NOM D'UTILISATEUR	
MOT DE PASSE	
NOTES	

SITE INTERNET	
NOM D'UTILISATEUR	
MOT DE PASSE	
NOTES	

SITE INTERNET	
NOM D'UTILISATEUR	
MOT DE PASSE	
NOTES	

SITE INTERNET	
NOM D'UTILISATEUR	
MOT DE PASSE	
NOTES	

SITE INTERNET	
NOM D'UTILISATEUR	
MOT DE PASSE	
NOTES	

SITE INTERNET	
NOM D'UTILISATEUR	
MOT DE PASSE	
NOTES	

SITE INTERNET	
NOM D'UTILISATEUR	
MOT DE PASSE	
NOTES	

SITE INTERNET	
NOM D'UTILISATEUR	
MOT DE PASSE	
NOTES	

SITE INTERNET	
NOM D'UTILISATEUR	
MOT DE PASSE	
NOTES	

SITE INTERNET	
NOM D'UTILISATEUR	
MOT DE PASSE	
NOTES	

SITE INTERNET	
NOM D'UTILISATEUR	
MOT DE PASSE	
NOTES	

SITE INTERNET	
NOM D'UTILISATEUR	
MOT DE PASSE	
NOTES	

SITE INTERNET	
NOM D'UTILISATEUR	
MOT DE PASSE	
NOTES	

SITE INTERNET	
NOM D'UTILISATEUR	
MOT DE PASSE	
NOTES	

SITE INTERNET	
NOM D'UTILISATEUR	
MOT DE PASSE	
NOTES	

SITE INTERNET	
NOM D'UTILISATEUR	
MOT DE PASSE	
NOTES	

SITE INTERNET	
NOM D'UTILISATEUR	
MOT DE PASSE	
NOTES	

SITE INTERNET	
NOM D'UTILISATEUR	
MOT DE PASSE	
NOTES	

SITE INTERNET	
NOM D'UTILISATEUR	
MOT DE PASSE	
NOTES	

SITE INTERNET	
NOM D'UTILISATEUR	
MOT DE PASSE	
NOTES	

SITE INTERNET	
NOM D'UTILISATEUR	
MOT DE PASSE	
NOTES	

SITE INTERNET	
NOM D'UTILISATEUR	
MOT DE PASSE	
NOTES	

SITE INTERNET	
NOM D'UTILISATEUR	
MOT DE PASSE	
NOTES	

SITE INTERNET	
NOM D'UTILISATEUR	
MOT DE PASSE	
NOTES	

SITE INTERNET	
NOM D'UTILISATEUR	
MOT DE PASSE	
NOTES	

SITE INTERNET	
NOM D'UTILISATEUR	
MOT DE PASSE	
NOTES	

SITE INTERNET	
NOM D'UTILISATEUR	
MOT DE PASSE	
NOTES	

SITE INTERNET	
NOM D'UTILISATEUR	
MOT DE PASSE	
NOTES	

SITE INTERNET	
NOM D'UTILISATEUR	
MOT DE PASSE	
NOTES	

SITE INTERNET	
NOM D'UTILISATEUR	
MOT DE PASSE	
NOTES	

SITE INTERNET	
NOM D'UTILISATEUR	
MOT DE PASSE	
NOTES	

SITE INTERNET	
NOM D'UTILISATEUR	
MOT DE PASSE	
NOTES	

SITE INTERNET	
NOM D'UTILISATEUR	
MOT DE PASSE	
NOTES	

SITE INTERNET	
NOM D'UTILISATEUR	
MOT DE PASSE	
NOTES	

SITE INTERNET	
NOM D'UTILISATEUR	
MOT DE PASSE	
NOTES	

SITE INTERNET	
NOM D'UTILISATEUR	
MOT DE PASSE	
NOTES